Exemplaire de Beaudelez père

CATALOGUE
D'UN
RICHE MOBILIER
D'OBJETS D'ART ET DE CURIOSITÉ,
TABLEAUX, LIVRES, ETC.,

Dont la Vente aura lieu en vertu de jugements,

HOTEL DES VENTES MOBILIÈRES,

RUE DROUOT,

Au premier étage, salle numéro 2,

Les Lundi 15, Mardi 16 et Mercredi 17 novembre 1852,

A MIDI.

Par le ministère de Mᵉ **SEIGNEUR**,

Commissaire-Priseur, rue Favart, 6, commis à cet effet,

Et de Mᵉ **BOULOUZE**, Commissaire-Priseur,

rue Richelieu, 67;

Assistés, pour les Objets d'art, de M. THÉRET père,
Expert de la Chambre des Commissaires-Priseurs, 40, rue des Saints-Pères;
et, pour les Livres, de M. DELION, Libraire, 47, quai des Augustins.

Chez lesquels se distribue le Catalogue.

Exposition Publique

Le Dimanche, 14 Novembre 1852, de midi à 5 heures.

ORDRE DE LA VENTE :

LUNDI 15. — La Batterie de Cuisine, les Harnais, les Livres, et les Meubles ordinaires.

MARDI 16. — Meuble en Marqueterie et Bois de rose, Meubles de salon, Objets d'Art et Curiosités.

MERCREDI 17. — Le restant des Objets d'Art et Curiosités. Riches tentures.

CONDITIONS DE LA VENTE.

Les acquéreurs paieront, en sus du prix d'adjudication, 5 pour cent applicables aux frais.

La Vente se fera au comptant.

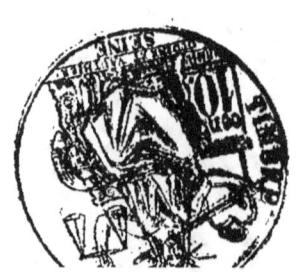

DÉSIGNATION.

SALLE A MANGER.

— Quatre Portières en damas de laine et soie, et quatre Rideaux.

Douze Chaises en acajou sculpté, à colonnes et pieds tors, recouvertes en velours rouge.

Une Table acajou à trois rallonges.
Un Guéridon acajou à bascule.

PETIT SALON.

— Une Tenture en toile de Perse, avec tous ses accessoires, et dix Rideaux même étoffe.

Deux Canapés, deux Chauffeuses gondolles.
Trois Ganaches et une autre carrée, recouvertes en damas de laine et soie.

CABINET DE TOILETTE.

— Une grande Bibliothèque garde-robe en acajou.

Une grande Toilette en acajou avec glace et marbre blanc.

Quatre Chaises en acajou.

Un petit Bureau acajou à galerie.

GRAND SALON.

— Treize pièces de Tentures, Portières et Rideaux, en damas de soie rouge : six Chaises, six Fauteuils, un Canapé en bois sculpté et doré, style Louis XV, recouverts de même étoffe, avec tous les accessoires qui en dépendent.

CHAMBRE A COUCHER.

— Neuf Morceaux de Tenture en damas de soie blanche ouaté, douze Rideaux, Portières et Tentures en damas de soie rose, quatre Fauteuils et un Canapé, en bois sculpté et doré, recouverts de même étoffe.

Un Lit à baldaquin en bois doré et sculpté, style Louis XVI, garni en damas de soie rose, son Sommier, son Couvre-Pieds et Traversin, aussi en soie rose, et tous les accessoires, tels que franges, cordons et baguettes dorées.

DEUXIÈME CHAMBRE A COUCHER.

— Un grand Lit en fer doré.
  Deux Chaises fumeuses en maroquin rouge.
Un Fauteuil   Idem.
Une Baignoire et son Couvre-Baignoire en maroquin rouge.

TAPIS.

— Un Tapis d'antichambre en moquette.
  Un id. de salle à manger   id.
  Un id. du petit salon   id.
  Un id. du cabinet de toilette id.
  Un id. du grand salon   id.
  Un id. de la chambre à coucher id.
  Un id. de la seconde chambre id.

CHAMBRES DE DOMESTIQUES.

— Quatre Lits en fer.
  Six Chaises de paille.
  Une Commode en noyer.
  Trois Tables en bois blanc.
  Bons Matelas de maîtres et de domestiques.
  Couvertures, etc., etc.

ÉCURIE.

— Quatre paires de Harnais.

Trois Couvertures de parade, de promenade et d'écurie.

Deux Fouets.

CUISINE.

— Batterie de cuisine en cuivre et ferblanc.
Buffet en hêtre.
Une Table dito.
Une Fontaine.
Une vieille Niche à chien.

TABLEAUX.

BILLECOQ (Attribué).
1 — Intérieur de Ménage.

BOUCHER (FRANCOIS) (D'après).
2 — Jeune Bergère endormie.

CASATI (Signé).
3 — Marine avec groupe et figures, Pêcheurs au repos.

GUISCHARD (Signé).
4 — Jeune Femme assise, lisant une lettre.

DU MÊME.
5 — Intérieur de Parc avec figures.

JEANRON (Signé).
6 — Jeune Fille en contemplation au milieu d'un parterre.

LE POITTEVIN (Signé) (1823).
7 — Joli Paysage, Marine orné de figures.

SCHEFFER (HENRI) (Signé).

8 — Une Femme et ses deux Enfants auprès du lit de son mari malade; tableau rempli de sentiment.

VANECKHOUT (Signé).

9 — Intérieur rustique, la Lecture de la Bible.

VERBOEKHOVENS (LOUIS) (Signé).

10 — Très jolie Marine avec bâtiments à voiles, Moulins à vents, et Groupe de plusieurs figures.

DU MÊME.

11 — Une autre Marine sur carton.

WAPPÉES (Signé).

12 — La jeune Fille abandonnée.
13 — Deux petits tableaux. Paysages ovales dans leurs bordures anciennes en bois sculpté et doré.
14 — Un Fixé et une Bordure dorée.
15 — Deux Médaillons en écaille renfermant des cheveux.

SANS NOM.

16 — Intérieur d'un Cordonnier.

PORCELAINE DE SÈVRES, SAXE, CHINE ET DU JAPON ET DIVERSES CURIOSITÉS.

17 — Une Statuette en bronze du duc d'Orléans en pieds.

18 — Deux Mains en bronze.

19 — Un Groupe en biscuit.

20 — Une autre en bronze : deux amours faisant de la musique.

21 — Un Boîte à gants, fond écaille rouge et fond turquoise, Médaillon en porcelaine, orné de bronze doré repercé à jours.

22 — Un Verre d'eau, fond rose et filets dorés composé d'un plateau rond, d'une carafe, une autre plus petite, d'un sucrier et d'un Verre à pied.

23 — Deux petits Vases, verre opale, décors Camayeux.

24 — Deux petits Vases en porcelaine de Chine à figures et paysage montés en bronze.

25 — Un Sucrier à anse et couvercle, Médaillon à figures.

26 — Une grande Fontaine en porcelaine du Japon.

27 — Une Corbeille à jour, en porcelaine d'ancien Saxe, tête de bélier, pieds à griffes dorés, orné de médaillons, marines et fleurs.

28 — Deux Lampes, genre Carcel en porcelaine de Chine, monture à anses, têtes de bélier en bronze doré.

29 — Une autre plus petite porcelaine, façon de Chine, montée en bronze doré.

30 — Deux grands Vases à têtes d'éléphants, fond bleu de Perse, en porcelaine céladon, montés en bronze doré.

31 — Deux autres en porcelaine de Saxe, fond bleu empoi parsemé de petites fleurs en relief, ornés de quatre jolis médaillons à figures et de fleurs.

32 — Un Coffre avec tiroir formant pupitre, en laque du Japon, fond noir, avec branches et fleurs en relief en or.

33 — Une Boîte à jeu, en laque de Chine moderne; dans l'intérieur sept boîtes à compartiments et douze petits plateaux carrés.

34 — Une Tasse et Soucoupe, fond gros bleu, avec le portrait et les armes eu relief du roi de Bavière.

35 — Une grande Coupe en porcelaine du Japon, monture à rocaille en bronze.

36 — Une idem plus petite en porcelaine de Chine à médaillons, à figures, montée en bronze.

37 — Une Tasse et sa Soucoupe, imitation de Sèvres, fond blanc, à rubans turquoises et guirlandes de fleurs.

38 — Un Tête-à-tête en porcelaine de Saxe, composé d'un plateau ovale, d'une cafetière, d'un pot à crême, d'un sucrier avec couvercle, deux tasses et leurs soucoupes à médaillons de fleurs.

39 — Six Tasses et leurs Présentoirs en porcelaine de Chine, fonds blancs à dragons verts.

40 — Deux jolis Groupes d'enfants en terre cuite, représentant deux saisons, l'Hiver et l'Été, dans le style de François Flamand.

41 — Deux Coupes en porcelaine d'ancien Sèvres, fond gros bleu à guirlandes dorées, montées en bronze doré.

LUSTRES, PENDULES, CANDÉLABRES ET AUTRES OBJETS EN BRONZE.

42 — Un Lustre à dix-huit lumières en bronze doré.

43 — Un autre Lustre à huit lumières avec Vase au milieu, en porcelaine du Japon, contenant une Lampe façon Carcel montée en bronze.

44 — Une autre à six lumières, en bronze doré orné de porcelaine de Chine.

45 — Une grande et belle Pendule, sujet pastorale d'après Boucher, en bronze doré, ornée de douze médaillons en porcelaine fond blanc et rose, sujets d'Amours et de Fleurs.

46 — Deux Candélabres à six lumières chaque, en bronze doré, formant berceau, contenant deux figures d'enfants représentant l'Hiver et l'Eté.

47 — Une grande Pendule en bronze doré, style Louis XV, ornée de corbeille de fleurs, mascarons et figures d'énfants.

48 — Deux Candélabres en bronze doré, à six lumières chaque, supportés par deux figures d'enfants; même style que la pendule.

49 — Une Pendule en bronze doré, modèle de l'Eléphant.

50 — Une dito, groupe d'Enfants et Chèvres, cadran à cartouches bleus.

51 — Une dito, à Rocailles

52 — Une paire de Feux en bronze, sujet de chasse, figures en bronze Florentin.

53 — Une paire dito, en bronze doré, sujet chinois.

54 — Une paire dito, bronze doré, sujet pastoral.

55 — Une paire de Feux en bronze doré, à Dauphins et figures d'Enfants.

56 — Une paire dito, en bronze, Branches de chêne et figures d'Enfants couchés, au bronze Florentin.

57 — Une Lampe du nom de Decourts, en bronze

58 — Une petite paire de Flambeaux en cuivre.

59 — Une   idem   idem   idem

60 — Une riche paire de Flambeaux en bronze doré avec Balustres en mabre blanc et figures de Sirènes.

61 — Une dito, Style Louis XV.

62 — Une dito, en bronze doré.

MEUBLES

EN MARQUETERIE DE CUIVRE, BOIS DE ROSE, LITS EN BOIS SCULPTÉ ET DORÉ, MEUBLES DE SALON EN BOIS DORÉ, STYLE LOUIS XV ET AUTRES.

63 — Trois Meubles à hauteur d'appui, à pans coupés en bois de rose, panneaux en marqueterie de bois à fleurs, monture en bronze doré, dessus en marbre blanc.

64 — Une petite Table à ouvrage en bois de rose avec tiroirs monté en bronze.

65 — Une Bibliothèque à portes pleines et porte vitrées en ancienne marqueterie de bois à ornements montés en bronze doré.

66 — Une autre petite Bibliothèque, à pans coupés

en bois de rose, avec panneaux en marqueterie de bois à fleurs, chutes, moulures et ornements en bronze doré.

67 — Une petite Commode à pans coupés, en bois de rose et marqueterie à fleurs ornée de bronze doré, dessus en marbre blanc.

68 — Un joli petit Bonheur du jour, formant bureau, de forme contournée, en bois de palissandre et de rose, panneaux en marqueterie de fleurs, monté en bronze.

69 — Deux Chaises en bois sculpté, à colonnes et pieds tors, recouvertes en moquette.

70 — Une petite Table à ouvrage, en bois de chêne sculpté.

71 — Deux Banquettes et une Niche à chien, traverses et pieds tors, recouvertes en moquette.

72 — Un grand Bureau dit Bonheur du jour, en bois de rose, panneaux à damier, monté en bronze.

73 — Une petite Table fond noir, à huit pans, en laque et fleurs burgotées.

74 — Une Table ovale de milieu à entre-jambes et Vase en bois sculpté et doré, recouverte en velours rouge.

75 — Une dito carrée, également en bois sculpté et doré, recouverte de même étoffe.

76 — Une petite Table à ouvrage en marqueterie de Boule, en trois parties, de forme contournée, garniture en bronze.

77 — Une jolie petite Table ovale, en bois de rose à entre-jambes, à trois tiroirs, renfermant une glace et une casse à bijoux ; le dessus à médaillons en marqueterie de bois à fleurs, richement montée en bronze doré.

78 — Une très belle Console de forme contournée, en marqueterie d'écaille et de cuivre avec entre-jambes et tablier richement monté de cariatides, godrons et moulures bien ciselés et dorés, dessus en marbre vert de mer.

79 — Une Table de jeux en marqueterie d'écaille, première partie à contours et à pieds de biche, sabots en cuivre dorés.

80 — Une autre tout à fait semblable, deuxième partie.

81 — Une Jardinière à pans coupés, en marqueterie d'écaille et cuivre, ornée de chutes à figures galeries à jours, godrons et moulures bien ciselé et doré.

82 — Une grande Glace richement encadrée d'une bordure en bois sculpté et doré.

83 — Une autre plus petite, riche bordure à guirlande de fleurs.

84 — Une autre à bizots, bien sculptée et dorée.

LIVRES.

85 — Histoire de l'Ancien et du Nouveau Testament, par de Royaumont. *Paris, Curmer*, 1835, gr. in-8, fig. sur bois, dem. r. ant.

86 — Les Évangiles, trad. de Le Maistre de Sacy. *Paris, Dubochet*, 1837, gr. in-8, fig., mar. chagr. noir, fil. à froid, non rogné.

87 — Recherches historiques sur la Chapelle du Saint-Sang, à Bruges, avec une Description détaillée de tous les monuments archéologiques qu'on y admire, par J. Gaillard. *Bruges*, 1846, gr. in-8, fig. (35), dem., mar. noir.

88 — Les Considérations des quatre Mondes, à savoir est : divin, angélique, céleste et sensible, comprises en quatre centuries de quatrains, contenant la crème de divine et humaine philosophie, par Guil. de la Perrière Tolosan. *Lyon, Macé Bonhomme*, 1552, pet.

in-8, encadrements, emboîté dans une rel. en mar. rouge aux armes de Condé.

89 — Soirées de Saint-Pétersbourg, par J. de Maistre. *Paris*, 1850, in-8, 2 vol. br.

90 — Maximes et Réflexions du cardinal de Retz, précédées d'un Essai critique, par Dupuy. *Paris, Techener,* 1828, in-18, pap. vél., 2 v., dem. r.

91 — Éléments Carlovingiens, linguistiques et littéraires, par J. Barrois. *Paris, Crapelet,* 1846, in-4, pap. de Holl., fig., dem., mar. rouge, non rog.

92 — Dictionnaire universel de la langue française, par Boiste. *Paris, Rey,* 1841, in-4, dem. rel° (*Fatigué.*)

93 — Histoire de Gil-Blas de Santillane, par LeSage. *Paris, Lefevre,* 1825, in-8, pap. cav., fig., 3 vol., dem., mar. citr., n. rog.

94 — Corinne ou l'Italie, par Mme de Staël. *Paris, Nicolle,* 1818, in-8, 2 vol., v. ant., fil. et tr. dor. (*Thouvenin.*)

95 — Cinq-Mars ou une Conjuration sous Louis XIII, par Alf. de Vigny. *Paris*, 1827, in-8, 2 vol., dem. mar. rouge, n. rog.

96 — Contes de Ch. Nodier. *Paris, Hetzel*, 1846, gr. in-8, fig. de Tony Johanneau, dem. mar. vert.

97 — La Peau de Chagrin, par H. de Balzac. *Paris, A. Ledoux*, gr. in-8, fig., dem. mar. viol., tr. dor.

98 — L'Ane mort et la Femme guillotinée, par J. Janin. *Paris, Delangle*, 1830, gr. in-18, v. bl., fil. en or et à fr.

(Bel exemplaire relié par Bauzonnet, avec une lettre autographe de J. Janin ajoutée, et le quatrain suivant de sa main :

> A mon âne je porte envie,
> Vous l'aimez... rien de plus flatteur !
> Mais mieux vaudrait, belle Sylvie,
> Vous voir aimer un peu l'auteur.
>   J. J.

99 — Le Don Quichotte, trad. de l'Espagnol, par H. Bouchon Dubournial. *Paris, Méq. Marvis*, 1822, in-8 cav. vél., fig., 4 vol., dem. mar., n. rogn.

Exemplaire orné de plusieurs suites de figure plus de 200 vignettes, par Deveria, Monnet, Lefèvre, H. Vernet, Lebarbier, Harrewgn, etc. Plusieurs sont sur papier de Chine.

100 — Silvio Pellico, mes Prisons, suivies du Devoir des hommes, trad. par Ant. de Latour. *Paris, Charpentier*, 1843, gr. in-8, fig. de Tony Johanneau, mar. r., n. rogn., fil. à froid et comp.

101 — OEuvres de Walter Scott, trad. par Defauconpret. *Paris, Furne*, 1839, in-8, fig., 30 vol., dem. r. bl.

102 — Werther, par Goëthe, trad. nouvelle précédée de considérations sur Werther, par Pierre Leroux, accompagnée d'une préface par George Sand. *Paris, Hetzel*, 1845, gr. in-8, pap. vél., fig. de Tony Johannot, mar. noir, fil. à froid, n. rogn.

103 — OEuvres de J. Racine. *Paris, Everat*, 1839, in-8, portrait, 2 vol., dem. m. vert., tr. doré.

104 — OEuvres de Molière avec notices, par Auger.

Paris, *Furne*, 1838, gr. in-8, fig. dem. r. bl.

105 — Les États de Blois, scènes historiques, (par Vitet). *Paris*, 1828, in-8, dem. mar. Du même : Les Barricades. *Paris*, 1827, in-8, dem. r.

106 — OEuvres de Boileau, Malherbe et J.-B. Rousseau. *Paris Lefèvre*, 1835, gr. in-8, dem. v.

107 — L'art de peindre, poëme par Watelet. *Amst.*, 1761, in-12, mar. cit., n. rogn.

108 — Chants et Chansons populaires de la France. *Paris, Delloye*, 1843, gr. in-8, fig., 3 tom. en 1 vol., dem. mar. viol., n. rogn.

109 — La Saint-Hubert ou quinze jours d'automne dans un vieux château de Bourgogne. *Paris*, 1842, gr. in-8, fig., dem. mar. rouge. n. rogn.

110 — L'Europe au moyen-âge, trad. de l'Anglais, de H. Hallam, par Borghers. *Paris*, 1834, in-8, 4 vol., dem. v. fv.

111 — Du baron d'Haussez : Voyage d'un exilé de

Londres à Naples et en Sicile. *Paris,* 1835, 2 vol. Alpes et Danube. *Paris* 1837, 2 vol.

La Grande-Bretagne en 1833. *Paris,* 1833, 2 tomes en 1 vol. ensemble 5 volumes in-8 dem.-rel. bl. (*Beauzonnet.*)

112 — Histoire de France, par Th. Burette. *Paris, Ducroq,* 1840, gr. in-8, fig., 2 vol. dem. v. bl., n. rogn. (*Kœler*).

113 — Mémoires du duc de Sully. *Paris, Ledoux,* 1822, in-8, 6 vol., dem. mar. vert.

114. — Mémoires des Dames de France, publiés par *Colnet,* 1823, in-18, pap. vél., 26 vol. dem. mar. n. rogn. (*Thouvenin.*)

Savoir : Mémoires de Madame de Motteville, 11 vol., — de Mademoiselle de Montpensier, 10 vol.; — de Madame de Staël, 2 vol.; — de la duchesse de Nemours, 1 vol.; — de Madame de Caylus, 1 vol.; — de Madame de La Fayette, 1 vol.

115 — Mémoires de Madame la comtesse du Barri. *Paris, Mame,* 1830, en 6 vol. dem. r. bl.

116. — Souvenirs de la marquise de Créqui, de 1710 à 1803. *Paris, Delloye*, 1842, in-12, fig., 10 vol. dem. r.

117 — Paris pittoresque, rédigé par une société d'hommes de lettres. *Paris*, 1842, gr. in-8, fig., 2 vol. dem. mar. vert, n. rogn.

118 — Versailles ancien et moderne, par le comte Alex. de Laborde. *Paris*, 1841, gr. in-8, fig. dans le texte, dem. mar. rouge n. rogn.

119. — L'Italie pittoresque, par de Norvins, Ch. Nodier, Alex. Dumas. *Paris, A Ledoux*, 1845, g. in-8, fig., dem. rel. et coins mar. bl. tr. dor.

120 — Œuvres de J. J. Rousseau. *Paris, Dalibon*, 1826, in-8, 25 vol. dem. rel.

121 — Œuvres de Bernardin de Saint-Pierre, précédées d'un essai sur sa vie par L. Aimé-Martin. *Paris, Méq. Marvis*, 1820, in-18, 19 vol. demi-mar. bl. n. rogn. (*Thouvenin jeune.*)

122 — Lettres de madame de Sévigné, avec les notes

de tous les commentateurs. *Paris, Lefèvre,* 1843, in-8, 6 vol. r. fil. n. rogn.

123 — Mémoires et Correspondance de Madame d'Epinay. *Paris,* 1818, in-8, 3 vol. bas.

124 — Vies des peintres, sculpteurs et architectes, par G. Vasari, trad. par L. Leclanché. *Paris, Just. Tessier,* 1842, in-8, 10 vol. demi-r. bl.

Par Adjonction.

125 — Une Garniture de petit Cartel rocaille avec flambeaux et fleurs en porcelaine de Saxe.

126 — Un Lit en fer avec devanture en bronze, très bien ciselé et doré; les panneaux ornés de jolies peintures.

127 — Un idem, tout en fer, modèle riche.

128 — Une grande et belle Bibliothèque en marqueterie ancienne, montée en bronze, bien conservée.

129 — Deux Consoles en acajou montées, en bronze, dessus marbre blanc creusé.

130 — Deux Candélabres en bois sculpté, peints en blanc et or.

131 — Un Fauteuil de bureau en acajou massif, têtes de lions en bois sculpté.

132 — Une grande statuette en bois sculpté, travail ancien.

133 — Un petit Meuble en bois sculpté.

134 — Un Secrétaire ancien en bois de rose.

135 — Un beau Guéridon en porcelaine de Sèvres, pâte tendre, décoré, finement ciselé et doré.

136 — Une grande Stalle en bois sculpté.

137 — Un grand Meuble dit *Bahut*, en bois sculpté.

138 — Un Meuble ancien, formant Canapé, en bois sculpté, à figures et ornements.

139 — Un Lustre à douze lumières, en cristal de roche, monté en bronze.

140 — Un dito en cristal de Bohême, monté en bronze.

141 — Un Joli Coffret de mariage, en ivoire sculpté du treizième siècle.

142 — Une Boîte à ouvrage à compartiments, en marqueterie, travail de l'Inde.

143 — Un Petit Coffret en bois de Sandal de Chine, orné de petits personnages à tête d'ivoire et costumes en soie.

144 — Deux Conques marines sur pieds chinois en bois de fer.

145 — Deux Petites Étagères chinoises sculptées à jours.

146 — Une Madone en émail byzantin, monture en repoussé, filigrane d'argent et pierres fines.

147 — Un Coffret en laque de Chine, ornements en pierre de lar.

148 — Une très Belle Lanterne chinoise avec vitraux peints et pendeloques.

149 — Écrans à mains chinois.

150 — Deux Paires de Souliers chinois, brodés en argent doré.

151 — Deux Petites Figures de l'Inde, costumées.

152 — Six Éventails à manches d'écaille, et une Petite Corbeille en coquillages.

153 — Deux Chasse-Mouches en plumes de paon.

154 — Un Calice en bronze ancien.

155 — Une Coupe en corne de rhinocéros sculptée.

156 — Plusieurs Boîtes de boules sympathiques chinoises.

157 — Une Boîte d'Encre de la Chine.

158 — Un Beau Groupe en porcelaine d'ancien Sèvres, pâte tendre.

159 — Un très Beau Bas-Relief en terre cuite, par Marin, élève de Clodion : Marche de Bacchanale.

160 — Un Cadre ancien, en bois sculpté, du temps de Louis XVI.

161— Un Dessus de Table du temps de Louis XIV, imitation de mosaïque de Florence.

162 — Deux Danseuses, en ancien bronze florentin.

163 — Deux petits Feux : sujets d'Amours sur des Dragons, en bronze doré.

164 — Un Coffret en ivoire sculpté à jours. Travail très fin.

165 — Un Dos de selle en ivoire sculpté : choc de cavalerie.

166 — Deux Bouteilles à dragons en céladon.

167 — Deux Vases en porcelaine tendre, montés en bronze doré.

168 — Quatre Figures en porcelaine dont un turc.

169 — Deux Tortues ; presse-papier en bronze.

170 — Une Soupière en plaqué d'argent.

171 — Un Modèle en bronze.

172 — Un Vase en émail de Chine.

173 — Une Coupe en Porcelaine de Chine montée.

174 — Deux autres, en porcelaine du Japon, montées en bronze doré.

175 — Deux Jardinières en porcelaine de Chine à Médaillons à figures, montées en bronze doré.

176 — Un grand Vase porcelaine de Chine fond

rouge à médaillons, richement monté en bronze doré.

177 — Un Pot à eau et sa cuvette en porcelaine moderne, dorée.

178 — Deux Vases en verre de Venise.

179 — Une belle Coupe d'ancien Sèvres, fond turquoise à médaillons, montée en bronze doré.

180 — Deux Coupes, porcelaine du Japon, montées en bronze doré.

181 — Deux Flambeaux à terrasse et bouquets de roses en bronze doré.

182 — Un Vase, bleu de Perse, monté en bronze doré.

183 — Un dito idem.

184 — Plusieurs beaux Éventails.

185 — Plusieurs Presse-Papier en bronze doré, matières précieuses, et différents objets non catalogués.

186 — L'ALBANE (GENRE DE). La Samaritaine.

187 — WOUVERMANS (Attribué). Attaque de cavalerie.

188 — VÉLASQUEZ (Genre de). Deux tableaux ovales : fleurs, fruits et oiseaux.

189 — VANDYCK (Attribué). Scène de buveur.

190 — HUE. Paysage avec moulin et figures.

191 — ÉCOLE FLAMANDE. Paysage. Marine avec figures et animaux.

192 — Dito. Paysage avec fabrique.

192 — Deux Dessins Chinois, Fleurs, oiseaux et papillons.

194 — Deux Peintures Chinoises, sur verre portraits de femmes.

Paris. — Imp. de Mme de Lacombe, 14, rue d'Enghien.

www.ingramcontent.com/pod-product-compliance
Lightning Source LLC
Chambersburg PA
CBHW030106230526
45471CB00003B/1289